JN410273

만인시인선·82

햇살에 눈을 찡긋거리다

조금숙 시조집

햇살에 눈을 찡긋거리다

만인사

시인의 말

내 열정의 속도를
노트에 기록하다.

요일이 더해질수록
귀 끝이 붉어지는

바닥난 대화마저도
테두리를 두른다

나의 시여!

차 례

2

차 례

3

4

차 례

5

1

무화과나무가 있는 집

관절의 흡지로 뾰루지 났을 때

하늘 높은 줄 모르고 가지를 뻗었을 때 넌출넌출 피어올라 붉은 등 켰을 때 마을 수재라 불리던 하얀 얼굴의 큰아들은 열 번의 낙방으로 푸른 벽 만들어 가라앉다 오종종한 채송화들 성화에 해태과자 가득 실은 손수레를 끌었지 동네도 몰랐고 사람들도 몰랐지만 의미없는 미소로 모서리 구부려 돌다가 돌아오기 일쑤였어 혀를 끌끌 차던 아버지 두 개의 길 가르쳐줬지 요령을 타령으로 알아듣고는 길을 번복하며 지워버렸어 한 주가 달팽이 걸음보다 느렸지 마른 입으로 냄새 풀풀 나는 공기를 견디기에는 땅에 눌러 붙은 발이 무거워 그만두었어

담벼락 기대 서 있던 무화과나무 한바탕 웃었지

미망

나를 잊으려고 나를 버리려고

뾰족한 날들을 놓치 못해 눈물이 된

새까만 밤을 굴리며 늪처럼 빠져들어

턱 밑까지 차오르는 숨을 참으며

불러보지 못한 이름있다 노래 있다

상실한 감성이라도 서서히 끓어오르는

자석처럼 끌고 당김을 수없이 반복해

호흡과 그 호흡이 바다에 가 닿으며

하나에 이르다 못해 흘러넘치는 저 경지

악,

어떤 생이 매장 당한 흑백의 도시에서
저리도록 슬픈 눈동자
화살처럼 아프다
살얼음 위를 거닐며 삼켜지는 문장들

비틀리는 직선으로 통로가 가로막힌
하얀 꽃잎 사이사이
분절된 말들의 한숨
은유로 덧씌운 밀어 허공에 흩뿌린다

검은 흰색 주문에 선동되는 눈빛들
그들만의 보법으로
어깃장을 놓는다
끝날까, 악의 가득한 서사의 징후들

화이트 아웃

하늘 한 귀퉁이 강렬한 햇살이

이력서 두께만큼 수직으로 쏟아져

세상에 각을 세우다 눈이 먼 하루

혼돈의 청춘에게 절룩이는 좌표는

사막에 무릎 꿇은 낙타와도 같아서

한 발은 늘 달구어져 출발선에 선다

굴레

복층의 온도는 땀으로 흘러내리고
컨베이어 물건은 쉼 없이 돌아가서
속도를 견디지 못해 쓰르륵 쓰러지는

빠르게 더 빠르게 선분의 지점에서
로봇처럼 움직이는 사람들로 가득해
질서를 가장한 억압 연료가 된 사람들

모두가 잠든 사이 수레바퀴 돌듯이
퍼래진 몸으로 바닥을 뒹구르는
지옥을 넘나들고도 넘지 못한 굴레

상큼씨, 김선생

무지개 스카프 위로 스윗하게 웃으며
오늘도 나팔을 부네 작별은 흔한 일이라
소수로 살아가는 건 일상을 지우는 일

상큼에 구름이 껴 우울한 날에는
감정의 너울이 파도 타고 흘러 넘쳐
떠나간 별들의 이름을 하나씩 부르네

이름이 있어도 이름 없는 풀씨에게
꼬리표 딱지 떼듯 바람이 흩어버린
하루만 살아봐야지 구름처럼 몽실하게

완고한 벽들 앞에 눈물도 바삭거려
바다 같은 마음이 한없이 가라앉다
해당화 붉은 잎처럼 뚝뚝뚝 떨어지네

안녕, 할로윈데이

가면들로 넘쳐났지 축제로 들뜬 거리
골목도 중심 잃어 바닥이 빙글 돌았지
직립은 포기한 듯이 목이 꺾여버렸어

미끄러진 달 사이로 드러난 표정들
모서리로 밀려나 정제된 침묵들은
고립된 섬이 되어서 짙은 정물 되었지

캄캄한 마음에 가닿을 수 있을까
이름 없는 얼굴로 주변을 떠돌았어
먼저 간 손을 잡으려 잠들지 못해, 난

내 안의 집

말갛게 놓여 있는
댓돌 위의 고무신
상처 입은 그 마음
아는 지 모르는 지
겹겹이 덧씌워진 말
기도로 흘러 넘쳐

텅빈 상단 바라보는
눈에도 물결치다
젖어서 더 간절한
침묵과 침묵들이
메마른 어깨를 타고
내 안의 집이 된다

유리의 나날들

소소한 일상들이 유리된 나날들
모래알처럼 제각각 흩어진 사람들은
소리를 내지 않고도 사는 법 배웠다

아득한 일들에 비밀은 많아지고
출처 없는 해석이 날개 돋듯 달리는
꿈꾸지 못하는 내일 출구가 없다

다 헐은 입술로도 위로 받지 못한
기대와 기대치가 반비례하는 사이
이력을 알 수가 없는 조각달이 뜬다

여름, 그리고

이글거리는 태양 도로에 바싹 붙어

혼돈의 도가니에 비명을 되삼키며

전열이 시작되는 곳 지옥행이 열렸다

뿌리 깊은 불신이 뜨거운 가슴으로

바람조차 일어서 소리를 끌어 당기는

마지막 한 호흡까지 낮달은 눈이 붉다

2

어떤 근황

보슬비에 젖은 시간 누구를 그리는가
유리창에 기댄 우울 때로는 익숙한 듯
간간히 운을 띄우는 무채색 그 목소리

미증유의 시간들에 사라지고 살아지는
탄식처럼 깊어진 단편 같은 일상들
가만히 귀 기울이는 그대도 잘 있는가

하지

한 뼘씩 줄을 타다 미끄러진 애호박

덩굴 끝에 감긴 채
목이 턱턱 막히는지

비명을 확 내지른다 진초록 옥타브로

하르르 쏟아지는 하품을 뒤로 하고

키 작은 부추꽃
제 키만큼 올라설까

막바지 줄세우기에 땡볕처럼 속타는

잡초와 잡초 사이 붉어지는 입술로

검은빛 찾아서
포복하다 때를 놓쳤다

숨 가쁜 시간을 두고 사라지는 그림자

슬픔의 그늘

반지하는 얼굴이 없다 꽃잎 같은 얼굴이
저민 듯 붙어 있는 담벼락 그 틈새로
있어도 보이지 않는 형체만 떠다닌다
천둥 치는 하늘에 세찬 비바람에
경계 밖에 존재하는 그늘의 사람들은
대상을 알 수가 없어 새파랗게 질린다
방치된 어둠이 머물다 떠난 자리엔
모든 문이 닫혀 버려 피지 못한 얼굴이
미완의 생애를 두고 달빛에 잠긴다

슬픔도 여윈다

살아 있는 이유가 허망한 날이다

한 번의 사죄 없이 바람으로 날아가

벽으로 흘러 들어간 슬픔도 여윈다

시끄럽다 휘젓던 당신의 그 당당함

무자비한 폭력에도 무덤덤이 삼켰던

절망이 몸부림 치며 무릎 꿇고 울었다

비밀과 소문 사이 금기였던 언어로도

담지 못한 그 날의 선명했던 기억들

날마다 찢긴 이름이 어둠 속을 헤맨다

마른, 꽃

가난이 지루해진 가장은 말이 없다
탈레반 저주처럼 빚으로 곤궁했고
소녀는 꽃눈 접힌 채 한 달을 굶주렸다

거미줄 엉킨 집은 오도카니 남겨두고
노인에 이끌려 가도 가도 머나먼 길
꽃 피는 일은 없어서 몸을 말아 걸었다

절벽 같은 시간 내 안의 방에 들어
바래진 꿈은 접고 오늘을 덧바르는
날마다 붉게 휘어진 마른 우주, 꽃 꽃

노부부

변주된 널 배 구르며
바다 끄는 뻘밭으로

긴 장대 묘기 부려
깊숙이 낚아채는

거룩한 먹물 옷 입고
등을 접는 할머니

그네의 뒷모습
은근히 지켜보다

키조개 반쯤 담긴
양동이 받아 들고

느긋이 보폭 맞추며
젖어 가는 할아버지

리어카 고물상

헛물켠 몸으로 삶의 모퉁이 지나
가보지 않은 길에 조각난 생 다 걸어
줄타기 곡예 하듯이 허공을 짚고 가는

헐어진 시간 마다 고랑이 일렁거려
아득해서 멀어진 암막의 무대 위에
제 무게 단단히 견딘 등 하나 켜진다

냉장고

희미한 불 켜지고 알람 시계 울린다

코 고는 낡은 소리 얼룩진 꿈 밀어넣고

닳은 손 기도로 채워 하루를 그려가는

버려진 폐선처럼 저승꽃 피어나고

시큼한 해 질 녘 모퉁이에 걸린 생

서서히 어둠 속으로 깊게 빠져드는

투명한 겨울 오고 냉기로 데우는 밤

가는 틈새로 보이는 쪼그라든 생수병

결핍을 다시 도려내 구름으로 가렸다

소설 무렵

—노숙자

비루함을 꺼내어 바람 위에 널었다
구석 아닌 도시에서 별을 걸쳐 말렸다
신문지 켜켜이 두고 가방도 숨을 쉬었다

집요하게 따라 다니는 모서리 같은 인생
말줄임표로 대신하는 하루살이 삶에도
환하게 피었던 날이 손꼽을 만큼 있었지

절벽에 서보지 않은 사람은 알 수가 없는
차가운 눈보다 더 슬픈 계절 여백의 끝에
뜨거운 숨을 뱉으며 그림자를 끌고 간다

햇살에 눈을 찡긋거리다

눈물이 흘러내렸어 초라한 내가 보여
전단지 넣어둔 일 죄가 될지 몰랐어
한 계단 올라갈 때마다 바닥이 깊어져

미용실 가위를 흔들면서 화를 냈어
어디로든 내달려서 나를 숨기고 싶어
왼쪽은 환하고 진해 더없이 무기력했어

바닥이, 머리카락이, 눈동자가 싫어졌어
햇살이 머리 스쳐 이마를 비추는데
심호흡 한번 못하고 눈만 찡긋거렸지

3

중세를 보다

황금빛 대지에 숨 가득 불어 넣어

하나의 길로 통하는 길고 긴 포강의 시간은 돌고 돌아 흐르고, 제국이 번영할수록 질문을 해야 한다네 시험에 든 날은 첨탑 꼭대기에 올라선 교황의 권세가 하늘과 땅을 가를 때였지 물음이 칼이 되어 돌아올까 영혼을 거울 속에 숨기고 신의 집이라 불리는 성 빗장 풀리길 기다렸지 만면에 웃음 띠고 잔인한 목소리로 애간장을 녹이면 비소가 될까 달구어진 사금파리일까 군주는 새하얀 풍경들과 함께 납작 엎드려 천 갈래 만 갈래 흩어지는 울음을 물고 있네 부드러운 눈발이 독이 되어 파고든다면 맹목을 가장한 아부가 더 나을지도 모를 일이네 하나의 사건처럼 목숨 걸고 아슬아슬한 줄타기 하다가 길을 따라 되돌아 가네

불꽃을 머금었다가 눈물로 환생하는

번아웃

축 처진 하루 속에 눌려있던 마음일까

안개처럼 가라앉은 중턱을 넘어가다

발아래 내려다 보이던 슬픔의 뿌리들

코끼리 다리로 서 표정으로 버티다

모르는 얼굴들이 내뱉는 언어들에

시간의 흉터가 되어 차곡차곡 쌓여가는

허기진 일상에서 구부리는 일이

가슴은 검어지고 빈 점이 되어가는

우울이 거느린 절정 얼룩으로 아린 생

슬픔의 집
—안티고네

그날 성문 밖에 회오리바람 일 때

아버지의 아버지와 어머니의 어머니를 거친 발자국이 유령처럼 힘없이 오라버니 시신을 바라보다 흙먼지 한 줌 뿌리며 아버지의 저주를 생각하네 스스로 이름을 끝없이 추락시키고 부질없는 세월을 살아내느라 하얗게 말라버린 그 기억이 위로하는 자의 몫이 되어버린 오, 일어나라 기억을 멈춘 자여 따뜻한 숨결보다 차가운 가슴이 마음을 울리는구나 혈투로 툭 끊어진 가문을 거래하려는 듯 악마의 속삭임이 들려오네 상실을 품었다가 치욕으로 가시 돋힌 혀가 자라나네 악취 풍기는 말들이 스물스물 올라와 습기 가득한 바닥을 뒹구네

세상의 슬픔 끌고와 들숲을 채우네

살로메

어머니 만나려고 바람따라 떠돌았어

가도가도 끝없이 구불구불 길들만 있었지 보여지는 건 좁고 깊은 골짜기 속 아슬아슬한 세계뿐 방향 잃은 발바닥은 목까지 차오르는 슬픔을 따라서 정처없이 헤매었지 메마른 평원을 흐르고 있는 요르단 강가에 도착했어 혼자라는 서러운 마음에 바위의 주위를 맴돌았고 사람들은 어두운 골목길로 인도했어 각본 없는 비밀의 울타리 하나하나 넘어가다 보면 물음표를 느낌표로 만들 수 있을까 당신은 왜 빛이 아닌 늪을 만들어 갔나요 지옥 끝이라도 따라가 묻고 싶었어 예언자를 만났던 날을 기억해 한없이 서글픈 눈으로 나를 바라보았지 무언의 눈빛으로 말하는 걸 다 담을 수 없었어

심장이 녹아든 그날 그대를 잊지 못해

아, 이런 것을 사랑이라 할까
—메데이아

아, 아 당신을 어찌해야 할까요

달콤하게 속삭이던 그대의 입김이 채 식기도 전에 믿기지가 않아오 아직도 모르겠어요 진정 그대 생각인가요! 어쩌다 그리 깊은 우물에 빠져들었나요 당신을 도와 나라를 저버린 제 모습이 비참해져요 코린토스 공주를 맞이할 생각을 하다니요 심장이 찢어지는 고통을 누가 알아주려나요 당신도 할 말이 있다구요 나에게 단 하루가 주어졌으니 온 마음을 끌어모아 저주를 내릴거에요 황금양피 안겨주던 손으로 황금 머리띠에 독을 발랐어요 그래요 아이들도 내 손으로 보낼거에요 당신이 처절하게 울부짖는 모습을 똑똑히 눈에 담아갈 거에요

어찌도 사랑이 이리 핏빛 노을 같을까요

콜로노스의 숲

—오이디푸스

기억의 밀물이 한쪽으로 기울었다

마지막 발 내디딜 곳 신탁으로 정해진

봉인된 침묵이 풀려 빛에서 어둠으로

공포가 한차례 휩쓸고 지나간 사이

너절해진 몸으로 낯선 땅을 걷고 걸어

숱하게 부서져 내린 마음 안고 숲에 든다

두 손에 피 묻힌 죄 냉대와 환멸을 지나

분노한 여신들에 엎드려 곡을 하고

그늘을 비추던 눈동자 금기를 기록한다

쾨베시의 짧은 단상

쾨베시*는 벤치에서 밤새워 얘기하다

달빛에 기대어 고조곤히 잠이 들어 새벽 어스름에 눈을 뜬다 맨발에 잠옷 차림 줄 지어 있는 사람들 고물 같은 화물차에 짐짝처럼 실려 덜거덕거리며 체념하는, 찌뿌린 얼굴들이 덜컹덜컹 흔들린다 잿빛 광장에 우중충한 일과 눈먼 사람이 하나둘 늘어나는, 너머 너머 다른 벤치는 한 무리의 공허가 자리하듯 맥이 풀리고 닿을 수 없는 한 생을 과거의 나로 만나듯 갈 곳 잃은 막다른 벽에서

먼지로 퇴색된 시간 절여진 원고 한 뭉치

*좌절 속 인물

프란시스, 자화상

뒤틀린
형상으로
녹아내리는 얼굴
검은 눈물로 점철된 고통을 부여잡고
뭉개진 등뼈를 세워 밀랍처럼 꿈을 꾸는

격렬함 뒤에 오는 일그러진 환상을
덩어리로 토해내는 감정의 목록들
찰나에
  음습해 오는
   욕망의 끝에 서서

실타래처럼 꼬인 발과 발의 울음 문
허파를 뚫고 나온 광기의 입술처럼
왜소한 인간이 울리는 피 묻은 언어여

헤로디아드

태양을 삼켰다 어둠을 살랐다

예언자여 불꽃같은 눈으로 쏘아보지 말라 제국을 바라던 일 흔적은 남기고 싶지 않았어 감추었던 비밀은 수면 위로 올라와 하늘을 가리기 위해 구름을 풀어버렸어 더 높은 곳으로 나아가려 없는 길도 만들었어 권력의 깊이까지 길을 낼 수 있다면 거짓 사랑이라도 괜찮아 망막이 터질 듯한 슬픔은 심연의 바다를 출렁이게 해 저주로 악몽을 꾸던 날 뼈만 남은 증오가 둥실둥실 떠다녔어 숲의 정령이 뒤엉킨 운명을 풀어줄까 흙의 심장이라도 바쳐야 할까 아니면 망각의 강을 건너야 할까

노을로 뒤덮인 사해 영혼이 스러진다

고르디우스의 매듭

동쪽에서 기울어진 어둠이 몰려와
지우고 싶어도 지우지 못한 기억
헤집어 상처를 키우는 모멸의 시간들

가시꽃 먹던 얼굴 하얗게 피었어도
지진의 틈새에서 울음을 틀어 막고
멍울든 나날들 지샌 동굴 같은 기억

풀지 못한 문제를 단숨에 풀겠다며
깃털처럼 가볍게 청춘을 잘라버린
눈물꽃 터지는 슬픔 납이 되어 맺힌다

레퀴엠이 흐른다

어둠의 혀 돋아나고 온몸이 발화하는
피의 꽃이 흐르는 도시 한 가운데
숨소리 체크하듯이 사이렌이 울리고

무거운 공기가 차곡차곡 더해지며
잠복기를 거친 호흡들이 하나 둘
경계에 접어들면서 아우성이 넘쳐난다

누구도 손볼 틈 없이 지체하는 그 사이
안개 속을 거닐다 늪으로 빠져드는
슬픔의 서사가 되어 레퀴엠이 흐른다

4

극지를 가다

얼음이 녹아내려 갈 곳 잃은 바다코끼리
절박함을 둥지 삼아 해안선에 모여들어
끝없이 펼쳐진 군락 마지막 종착지다

서로의 살들을 베고 온기로 견뎌내다
숨 쉴 곳 찾아서 절벽을 기어오르는
해빙에 익숙했던 기억 날이 서는 발자국

평화로운 휴식은 허기를 불러오고
바다로 돌아가려 몸을 날려 보지만
아뿔싸, 눈 먼 새처럼 추락하는 바다코끼리

태엽이 거꾸로 감긴 시초가 되었을까

잉카 제국 번지던 죽음의 말라리아

내전을 몰고와 폭풍처럼 휩쓸었지 태양을 배경으로 스스로 신이 된 황제는 원주민에 둘러싸여 피사로 군대를 맞이했지 황금으로 치장한 가마 위에서 알 수 없는 문자로 가득 채워진 성경을 패대기칠 만큼 기고만장했어 신성모독죄를 신호로 총성을 울리며 비명에 빠진 원주민들을 갈갈이 흩어놓았지 문명을 탈취하려는 욕망은 밟고 서는 폭력을 낳고 우물안 개구리처럼 제왕 노릇에 빠져 있던 어리석음이 나라를 어둠의 바다 속에 빠트렸어

대륙이 말라버린 채 암반이 되어버린

새, 소년

새장이 흔들렸다 키이우도 흔들렸다
불안을 잠재우려 밤새도록 달렸다
몇 밤을 건너고서야 저 달에 닿을까

골목에 홍건히 떨어지는 꽃잎처럼
느닷없이 날아드는 공습을 피하다가
걸음을 멈출 수 없어 발목으로 뛰어가는

모든 걸 기억하는 앵무새도 떨고 있다
푸르른 날개조차 방향을 잃어버린
환하고 눈부셔야 할 꽃자리는 탈주 중

암전 1

봄을 넘기고 당신을 떠나 보냈다

꽃숭어리 비틀리듯 달을 안고 울었다

손잡고 홍성거리던 숲길도 발을 놓았다

눈부신 시간 다 보내고 혼자 남아

파지를 주워 담는 붉은 얼굴 타버린 손

곳곳을 돌아다녀도 박스는 헐값이다

빗금 그어진 하루 무릎으로 걷던

날짜와 날짜 사이에 뱅뱅 도는 어지러움

외진 길 문턱 사이로 어스름이 내린다

암전 2

서치라이트 조명이 바닥을 쓸었다

어둠 속에 납작해진 몸이 꿈틀한다

분리된 척추와 몸을 맞추어 일어난다

거대한 침묵으로 주변은 적막하고

발이 질질 끌고 리어카는 울며간다

지척이 구만리 같아 가도가도 지옥이라

박스를 수집하고 야생화 쓰다듬던

만만치 않은 길 소소하게 살았지만

사흘내 보는 이 없어 젖은 눈 감는다

미얀마의 봄은

과녁은 쉽고도 가까운 길을 점령한다

광란의 영토로 변한 숨막히는 한 고비

슬픔을 어루만지다 물렁해진 감정들

눈길 닿는 곳마다 넘치는 폭력으로

붉게 젖은 광시곡, 도로를 점령하는

뜨거운 피의 노래를 외면하는 사람들

사선을 넘다

소문이 바람 타고 세계를 도는 동안
부르카 움켜쥐고 검은 감정 눌렀다
방향을 잃어버린 채 바닥이 되어가는
반복되는 전쟁은 슬픔도 납작해져
소리 내지 않아도 무늬는 갈라지고
꿈꾼 적 없는 미래는 가시처럼 아프다
안과 밖 갈등으로 캄캄하게 젖어드는
블랙홀 같은 세상 어지러이 놓여있어
어둠의 휘장을 걷고 사선을 넘는다

그럼에도 불구하고 1

공습 경보 울리고 모두들 흩어졌다

모래성 허물어지듯 아파트 무너진다

끝과 끝 달리고서야 멈출 수나 있을지

어제는 내일을 기다리지 않았다

궁핍하고 불안한 어제의 오늘이

깨어진 비상등 달고 삶을 밀어내던

사막처럼 건조한 서랍 속 일기에는

뻥 뚫린 칠판 보며 가슴벽 닦다가

소요와 고요를 넘어 티끌 된 그녀 있다

그럼에도 불구하고 2

휠체어 리프트는 오늘도 덜컹거린다
종종 일어나는 적멸의 생 건너는 일
비명에 낱낱이 잘린 말 사방으로 흩어지는

빛과 어둠 교차하는 4호선 플랫홈에서
눈물 젖은 눈동자로 하루를 건너려고
바닥에 선명히 찍힌 주홍글씨 새긴다

깨지고 피흘려도 아우성에 짓밟혀도
무뎌진 마음으로 손 내미는 그 사이
가슴에 꽂힌 한 마디 비수되어 휘청인다

그럼에도 불구하고 3

흠뻑 젖어서
나타날 줄 몰랐지
소중히 다루어도
꽃이라 떨어질까
사랑을 잃어버리고
별이 된 아이들

비루한 말들만
연기처럼 피워내는
입들은 숨어서
숨바꼭질 하다가
사라진 행적을 두고
꼬리만 잘라냈지

방치된 시간을
돌이킬 수 없더라도
한 톨의 페르소나
뒤덮는 환한 거짓말

아귀와 같은 시절이
자꾸 눈을 가리지

하늘을 열다

새가 되면 어떨까 탈출을 꿈꾸었지

지상에서 있었던 몸부림 날려보내고

날개 단 이카루스처럼 올라가고 싶었어

바람을 바짝 당겨 두 팔 활짝 폈을 때

비행기가 흔들리고 사람들이 흔들렸어

하늘을 건너려다가 낮달을 뚫어버렸어

5

13각형

> 단 하나의 모양으로 패턴 반복없이 무한대로 평면을 찾을 수 있는 도형 —데이비드*

숫자로 그려내는 꽃무늬는 신비로워

각 잡은 도형들이 하모니를 이루었죠

싫증을 날려버리는 비대칭이 신의 한 수

* 영국의 수학자

청동, 소녀

제 한 몸 홀로 바쳐 엉겨붙은 가난 펴다

어둠 속 가지런히 두 손 모은 송현이

주인의 내세를 위해 숨소리도 되삼키는

머리 위에 같이 놓인 청동 신발 한 켤레

바깥 공기 가로막힌 덧널 안은 고요해

뒤꿈치 감아 들고서 주문을 걸어본다

두고 온 어미 생각 아슴하게 저려오는

빈약한 언어로도 다 채우지 못하는

가만한 이야기들은 영원한 잠에 든다

수성당에서

진입로 향한 길은 대나무숲 천지다
바람 이는 파도 소리 마음도 무너졌던
그 길에 하얀 소녀는 아득한 꿈 꾸었을까

슬픈 올가미처럼 옥죄는 서약으로
가파른 절벽에서 인당수 바라보다
구름을 사이에 두고 가라앉는 푸른 이마

한 눈에 펼쳐진 바다 가 닿기도 전에
천형에 눈 멀고 공양미에 눈이 먼, 먼
심연 속 눈물 한 방울 비늘되어 떨어지는

석불좌상은 말이 없다

의문이 고개 들어 쉼 없이 흔들리다

바람이 부르는 곳 돌멩이로 탑을 쌓아

무작정 남겨진 이유 수 천번 되물었다

주름진 삶의 흔적 바다인 듯 깊어도

빛나는 슬픔 뒤로 어둠을 벗는 시간

출구로 이어지는 길 얼룩들 털어낸다

불꽃무늬토기

햇빛 받아 꿈틀대는 말이산 고분 속
타오르는 불꽃 지문처럼 새기고
아라국 숨결을 담아 뒹굴고 있었다

강국을 꿈꾸었던 삶은 잠시 멈춰
대륙을 건너가 셀 수 없는 봄 보내고
무수한 불덩이 품어 아라를 다시 산다

감은사지

들판에서 시작된 스산한 겨울바람

삼층석탑 감고 돌아 신라 속으로 젖어들어

쓸쓸히 사라짐을 위해 노을을 지운다

앙상한 느티나무 우듬지에 새겨진

천 년전 밀어들은 허공으로 날아가고

애잔한 삶의 흉터는 선명하게 남아있어

껍질처럼 까슬하고 부스러기 같은 날에

대나무숲 귀에 걸린 떨림과 울림은

누군가 흘리고 간 기도 풀씨처럼 흔들린다

북대암

행간을 놓친 삶이 휑하고 버거울 때
소란한 세상 벗어나 걸음을 옮기며
벼랑에 피어오르는 붉은 가을 안는다

침묵 같이 낯설은 독성각에 들어서
기도 아닌 기도를 온몸으로 드리며
고요한 풍경 속으로 빠져드는 한 나절

안부처럼 다가온 구절초 법구경에
제비가 날아올라 눈으로 쫓아가니
사리로 빚은 바위가 길을 닦아 비춘다

운주사 와불

스스로 빛이 되려 땅을 베고 누웠는가
이마 가득 주름 품고 하루를 살아가는
마음이 사막인 사람 쉼표로 머물도록

혼돈의 길 밝히려 네 발을 디뎠는가
변방을 지나서 치열했던 세상 속으로
한 걸음 내딛고 서서 심장을 닦는다

바람이 외는 천 개의 내력을 들었는가
긴 세월 잠을 자던 미륵불 우뚝 서면
수직이 수평이 되는 하늘 문 열리는

김녕 해변

내 안을 물들인 맑은 옥빛 바다는
숨겨두고 보고 싶은 테티스의 얼굴처럼
한 시절 빛나던 이력 풀어내고 있었다

애초에 없던 용기 희망 회로 돌리다
손톱달이 뜨고서야 멈춰서서 돌아보는
오래전 비망록 같이 선명해지는 지문들

백록담

하늘이 열리고 구름이 포개진 날
산방산 바람 한 줄기 끝에나 가 닿을지
오름에 까마귀 두엇 기별 먼저 전한다

남북을 가로질러 서귀포로 이어지는
사뭇 고요하고 낮게 드리운 5.16도로
희미한 숨소리조차 고드름에 잠겨있는

눈꽃이 층층 쌓인 오름은 절정이라
눈빛만 닿아도 꿈결처럼 번지는
긴 생을 바퀴 굴리듯 능선을 오르는

흰 구름 한 편이 빚어내는 파노라마
우주의 기운을 온몸으로 받으며
물같이 살아내야 할 사슴이 여기 있다

구진벼루

마음 앞서 달려오다 매복에 발목잡힌
속절없이 흐르는 강물은 처연하고
멀리서 바라볼수록 먹빛 울음 뿐이라
배후를 알지 못해 사방이 뚫려 버린
살을 파고드는 화살촉에 휘청이고
수십 년 불국토 꿈은 낱낱이 부서진다

시인의 산문

슬픔의 집에 관한 기억

슬픔의 집에 관한 기억

*

어린 시절, 학교 선생님이던 이모부네가 지방으로 전근을 가시게 되어 달성동에 있는 무화과나무가 있는 집에 들어가 산 적이 있다. 단칸방에서 살다가 두 칸짜리 방에 부엌도 따로 있는 제법 큰 주택이어서 별걱정 없이 살았던 기억이 난다.

어린 나는 늘 심심했고 허기졌다. 키가 작은 나는 친구보다는 언니를 따라 다니는 일이 많았다. 언니가 중학교에 들어가자 울타리가 없어진 나는 늘 외톨이였다. 문 앞에 쪼그리고 앉아 부모님을 기다리는 일이 낙이었다. 아버지는 청과상에 물건을 날라주는 일을 하던 터라 퇴근하면서 간간이 험다리 과일들을 가져왔는데 이런 먹거리가 더 기다려졌던 것은 아닐까?

부모님은 비가 오나 눈이 오나 고된 생의 바퀴를 굴렸다. 부모님은 사탕봉지에 구멍을 뚫어 몰래 사탕을 꺼내 먹어도 혼내지는 않으셨다. 지금 돌아보면 각자의 황금빛 시절이었지 않았나 생각된다.

유년의 기억 저편에서 「무화과가 있는 집」, 「내 안의 집」, 「유리의 나날들」의 시편을 얻었다.

*

나의 정원은 대구수목원이다. 집에서 지근거리에 있는 수목원을 산책하는 일상에서의 기쁨과 계절의 변화를 온몸으로 느낀다. 새와 꽃에 눈을 맞추기도 하고 산에서 내려온 토끼가 풀을 뜯는 신기한 모습을 포착하기도 한다.

나는 일간 또한 작은 나무나 덩굴에 해당되는 을목이어서 큰나무에 의지해 커나가는 사주와도 맞아 떨어진다. 해를 거듭할수록 대구수목원으로 향하는 발걸음이 늘어난다.

다양한 모습들의 사람들을 볼 수 있어 사람 관찰하는 것도 일종의 재미를 준다. 이야기들의 소재도 각양각색이다. 건강 문제, 고부간 갈등, 취업 문제, 부부 관계, 친구 관계 등 한 바퀴를 돌면 단편소설 몇 편을 읽은 듯한 착각이 들 정도이다. 본의아니게 남의 생을 엿듣게 된다. 모두가 나의 스승인 셈이다.

*

두 번째 마음의 정원은 고령 대가야 고분군이다. 44호, 45호 고분군을 접하고 나서부터 지산리 일대를 산책

하듯 오른다. 1500년 전 가야의 숨소리를 느끼며 능선을 따라 오르면 큰 소나무가 양 옆에 도열하듯 나를 반긴다. 한때 융숭했던 문화가 유물로 남아 있어도 쉽게 가늠할 수 없기에 흥망성쇠에 따른 감상은 쉬이 수그러들지 않는다.

주군을 위해 죽음까지 함께 해야 하는 것일까? 내세를 살기 위해 여러 사람을 희생시키는 순장제도는 누구도 제어하지 못했을까?

명을 다한 죽음도 슬프고 애절한 것인데 산 목숨을 순장시키다니 어찌 애달프지 않으랴. 능에 가만히 귀를 기울이면 애끓는 사연들이 들려오는 듯 하다. 「청동, 소녀」, 「불꽃무늬토기」의 시편으로 그들의 눈물이 내 마음에 내리듯 여우비로 살짝 비친다.

*

도림천 근처인 신림동은 저지대라 수해에 취약한 지역이다. 이들에게 반지하는 위험이 아니라 적은 돈으로 방세 칸을 마련할 기회였다고 한다. 20년대에는 여성 범죄가 늘어 불안함이 가중된 곳이기도 하다보니 장애를 가진 언니, 비장애인 여성, 딸아이, 노모와 함께 살던 가족은 안전을 위해 방범창을 단단하게 달아야 했고 진입이 늦어진 이유이기도 하다.

천진난만한 웃음 지으며 안부를 주고 받던 손녀의 얼

굴이, 물이 차오르는 동안 여기저기 도움을 호소하는 전화를 돌리던 동생과 언니가 떠올라 내내 마음이 힘들었다. 더 안타까웠던 것은 악몽같은 밤을 보냈을 소녀였다. 부디 하늘나라에서는 누리고 하고 싶은 것을 마음껏 다 할 수 있기를 빌 뿐이다.

수해의 참상을 떠올리며 「슬픔의 그늘」을 얻었다.

*

계절을 거듭할수록 견고한 믿음이 쌓여가고 늘 성실하게 발품 팔아 파지를 모아서 생계를 이어가던 부부가 있었다. 한 달에 한 번은 깨끗한 옷을 차려입고 맛있는 음식을 먹으러 가는 일이 세상에서 가장 행복한 일이라 하였다.

넉넉지 않아도 소소한 일상을 같이 보내는 것이 서로에게 줄 수 있는 최고의 선물이다. 이들에게는 누구보다도 지혜롭게 사는 법을 알고 있었다. 아무리 힘이 들어도 여유를 잃지 않았고 고생도 나누면 낙이 된다는 것을 아는 부부였던 것이다.

우리 부부는 과연 어떨까? 곰곰이 들여다보니 이들 부부처럼은 아니지만 서로 노력하는 것만은 사실이다. 각자 바라보는 방향이 다를 수 있지만 소리내어 말하기보다 눈감아 주려 하는 일이 많아지고 있다. 하려는 일에 대한 지원과 지지가 대단하지는 않지만 묵묵히 바라

봐 주는 것이 나로선 고맙다. 잡다한 실수를 줄이는 것이 서로에 대한 배려이기도 하다.

우리 이웃들의 삶에서 「암전 1」, 「암전 2」, 「리어카 고물상」, 「냉장고」를 얻었다.

*

2021년 여름, 아프카니스탄에서는 이슬람 무장세력 탈레반이 점령함에 따라 여성들의 인권은 1960년대 이전으로 회귀하였다. 그러니 말할 수 없는 탄압과 억압으로 신음하고 있다. 온몸을 가리는 부르카를 쓰게 해 자유로운 활동을 할 수 없게 했다. 아주 사소한 이유로 채찍을 맞거나 아프면 치료를 받지 못하고 서서히 시들어 간다.

여성을 종속적 존재, 소유물로 인식하고 있는 탈레반 지도자들은 가부장적인 권위의식에 젖어 있다. 우수한 여성 인력을 활용해 나라의 번영을 도모할 수 있음에도 나라의 절반에 해당하는 여성을 배제하고 총을 앞세워 모든 일을 해결하려 하니 점점 더 수렁으로 빠져들어 나라는 줄곧 뒷걸음질 중이다. 가뭄까지 더해져 빈곤의 늪에서 헤어나 올 수 없는 것이다.

아프카니스탄 사태를 접하고 「사선을 넘다」, 「마른, 꽃」의 시를 얻었다. 또한 같은 시기 팔레스타인 가자지구에는 이스라엘의 공격으로 한 여학교 교실에 총탄이 날아드는 바람에 칠판이 뻥 뚫렸다.

*

2020년대로 접어들어 유독 전쟁, 분쟁, 내전이 많이 일어났다. 그로 인해 입은 피해는 말할 수 없이 크다. 특히 어린아이와 여성, 노인들이 가장 큰 피해자들이다. 폭력적인 상황이 펼쳐지기에 자유의지로 할 수 있는 게 없다. 피의 광기가 서로를 덥친다. 핑퐁처럼 되갚음이 오고가기에 광기를 멈추는 게 쉽지 않다.

두 나라 간의 피의 분쟁은 역사를 거슬러 올라가 보면 기원과 책임을 따지기가 어렵다. 되로 주고 말로 받는 상황이 반복 되기에 오래 지속된 갈등은 선인과 악인을 구별하기가 쉽지 않다.

글을 쓰고 있는 지금도 현재진형행으로 양쪽이 다 아비규환의 전쟁터이다. 먼지를 뒤집어쓴 여학생을 보며 「그럼에도 불구하고 1」을 얻었다.

*

그리스비극에 등장하는 여성들을 접하며 호기심이 생겼고 깊이 들여다보게 되었다. 그들의 발자취는 요즘의 우리와 별반 다르지 않다는 생각이 들었다. 그들의 삶을 바라보며 어떤 때는 불꽃이 일고 마음이 요동치기도 했다. 주어진 역할에 최선을 다 하는가 하면 고유한 역할을 버리거나 뛰어넘는 경우도 있었다.

따뜻한 가슴으로 사람을 품어 자신이 옳다고 생각하는 일은 누가 뭐래도 적극적으로 행하는 모습과 가족들을 위해 한없이 낮은 곳으로 향하는 헌신적인 모습이 인상적이었던 안티고네, 사랑을 위해 모든 것을 쏟아붓지만 그에 대한 집착으로 자신은 물론 아이들까지 희생물로 쓰고 복수를 위해 지옥 끝까지라도 갈 준비가 되어 있는 광기의 메데이아, 자신이 원하는 바를 얻기 위해 자식도 버리는 등 수단과 방법을 가리지 않고 눈에 거슬리는 사람은 가차없이 제거해 버리는 잔악한 모성의 헤로디아드. 세 명의 여성은 보통의 평범함과는 거리가 있다. 쉽게 다가갈 수 없는 유형들이지만 그래서 더 끌리게 된다.

세 여인들을 소재로 「아, 이런 것을 사랑라 할까」, 「살로메」, 「슬픔의 집」, 「헤로디아드」 시편을 썼다.

*

운주사 와불은 세상이 시끄럽고 어지러워질수록 사바세계를 벗어나고픈 사람들이 줄을 지어 찾는 곳이기도 하다. 마음이 번잡한 나를 내려놓고 일주문을 들어선다. 근엄하고 격식이 갖춰진 부처와 탑이 아니라 정감이 간다. 투박하고 둥글둥글한 형태와 문양의 탑과 부처가 곳곳에서 반겨준다. 무질서와 질서를 아우르는 자연스러움이 발걸음을 멈추게 한다. 천불천탑의 운주사, 산중턱을 올라 숨이 가빠져 올 때면 나를 맞는 부부 와불이 보인다. 두 손을 모아 합장한다. 그 옛날 민중들이 꾸었던 꿈을 생각하다 나도 속으로 비나리를 한다. 갈등과 반목을 넘어 하나됨을, 나와 너가 모여 우리가 되기를, 다름과 차이를 인정하는 용기를, 어둠의 곳곳에 등불이 켜지기를…. 산 정상에 누워 있는 부부 와불을 보며 「운주사 와불」을 썼다.

*

나는 왜 시를 쓰는가?에 대한 성찰이 얼마나 깊어졌는지는 모른다. 허나 시인은 지금, 여기를 살고 있는 시대의 소명 의식을 가지고 있어야 한다고 생각한다. 무엇보다도 '사람'에 초점을 맞춰 그들의 삶과 애환에 귀를 기울이려 노력했다. 언젠가 꽃 피울 그날을 위해 자신의 모든 걸 거는 사람들이 눈물겨웠고, 시지프스처럼 평생 멍에를 안고 살아가는 사람들이 가슴 아팠다. 내 안에 들어온 한 사람, 한 사람의 아픔의 기록이 내 시의 편편이 되었다.

나의 시는 삭히고 삭혀 감정을 절제하고 정제하려 했지만 거칠고 투박하다. 이제 좁은 시선에서 벗어나 다양한 소재에 눈길을 주고 보다 넉넉한 마음으로 나를 비우고 채울 수 있기를 바랄 뿐이다.

만인시인선 82

햇살에 눈을 찡긋거리다

초판 인쇄 2023년 11월 10일
초판 발행 2023년 11월 15일

지은이 / 조 금 숙
펴낸이 / 박 진 환

펴낸 곳 / 만인사
출판등록 / 1996년 4월 20일 제03-01-306호
주소 / 41960 대구광역시 중구 명륜로 116
전화 / (053)422-0550
팩스 / (053)426-9543
전자우편 / maninsa@daum.net
홈페이지 / www.maninsa.co.kr

ISBN 978-89-6349-183-7 03810

값 12,000원

* 본 사업은 2023년 대구문화예술진흥원 문학작품집 발간지원으로 발간되었습니다.

만/인/시/인/선

1. **이하석** 시집 | 高靈을 그리다
2. **박주일** 시집 | 물빛, 그 영원
3. **이동순** 시집 | 기차는 달린다
4. **박진형** 시집 | 풀밭의 담론
5. **이정환** 시집 | 원에 관하여
6. **김선굉** 시집 | 철학하는 엘리베이터
7. **박기섭** 시집 | 하늘에 밑줄이나 긋고
8. **오늘의 시 동인** | 「오늘의 시」 자선집
9. **권국명** 시집 | 으능나무 금빛 몸
10. **문무학** 시집 | 풀을 읽다
11. **황명자** 시집 | 귀단지
12. **조두섭** 시집 | 망치로 고요를 펴다
13. **윤희수** 시집 | 풍경의 틈
14. **장하빈** 시집 | 비, 혹은 얼룩말
15. **이종문** 시집 | 봄날도 환한 봄날
16. **박상옥** 시집 | 허전한 인사
17. **박진형** 시집 | 너를 숨쉰다
18. **정유정** 시집 | 보석을 사면 캄캄해진다
19. **송진환** 시집 | 조롱당하다
20. **권국명** 시집 | 초록 교신
21. **김기연** 시집 | 소리에 젖다
22. **송광순** 시집 | 나는 목수다
23. **김세진** 시집 | 점자블록
24. **박상봉** 시집 | 카페 물땡땡
25. **조행자** 시집 | 지금은 3시
26. **박기섭** 시집 | 엮음 愁心歌
27. **제이슨** 시집 | 테이블 전쟁
28. **김현옥** 시집 | 언더그라운드
29. **노태맹** 시집 | 푸른 염소를 부르다
30. **이하석 외** | 오리 시집
31. **이정환** 시집 | 분홍 물갈퀴
32. **김선굉** 시집 | 나는 오리 할아버지
33. **이경임** 시집 | 프리지아 칸타타
34. **권세홍** 시집 | 능소화 붉은 집
35. **이숙경** 시집 | 파두
36. **이익주** 시집 | 달빛 환상
37. **김현옥** 시집 | 니르바나 카페
38. **도광의** 시집 | 하양의 강물
39. **박진형** 시집 | 풀등
40. **박정남 외** | 대구여성시 20인선집